Trouble in Heaven
天宫里找麻烦

A Story in Simplified Chinese and Pinyin,
600 Word Vocabulary Level

Book 2 of the *Journey to the West* Series

Written by Jeff Pepper
Chinese translation by Xiao Hui Wang

Book design by Jeff Pepper
Cover design by Katelyn Pepper
Illustrations by Next Mars Media

ISBN-10: 1546647473
ISBN-13: 978-1546647478
Second Edition

Edition 2 Version 1a

ACKNOWLEDGMENTS

We are deeply indebted to the late Anthony C. Yu for his incredible four-volume translation, *The Journey to the West* (1983, revised 2012, University of Chicago Press).

And many thanks to Xing Chen and Lynn Xiaoling for their help in reviewing the manuscript.

AUDIOBOOK

A complete Chinese language audio version of this book is available, free of charge. To access it:

- Visit our website, www.imagin8press.com.
- Under Titles on the main navigation bar, select *Trouble in Heaven.*
- Scroll down to Free Learning Tools.
- Select Audio Version (Chinese). Here you will be able to listen to it, download it, or access it on YouTube.

PREFACE

Sun Wukong, the Handsome Monkey King, is one of the most famous figures in Chinese literature. He is one of the main characters in *Journey To The West* (西游记, xī yóu jì), an epic novel written in the 16th Century by Wu Cheng'en. *Journey To The West* is loosely based on an actual journey by the Buddhist monk Xuanzang, who traveled from the Chinese city of Chang'an westward to India in 629 A.D. and returned 17 years later with priceless knowledge and texts of Buddhism. Over the course of the book Xuanzang and his companions face the 81 tribulations that Xuanzang had to endure to attain Buddhahood.

Each book in our *Journey to the West* series covers a short section of this epic story. In our first story, *The Rise of the Monkey King*, we introduced Sun Wukong and covered the events in the first two chapters: we learned how the little stone monkey was born, became king of his troop of monkeys, left his home to pursue enlightenment, received the name Sun Wukong (literally, "ape seeking the void") from his teacher, and returned home to defend his subjects from a ravenous monster.

In this book, the second story in our *Journey to the West* series, we cover the events of chapters 3 and 4 in the original epic. Things begin to unravel for Sun Wukong, as he starts to see the consequences of his outrageous actions. While trying to defend his troop of monkeys, he manages to offend the underwater Dragon King, the Dragon King's mother, all ten Kings of the Underworld, and the great Jade Emperor himself. Finally, goaded by a couple of troublemaking demons, he goes too far, calling himself the Great Sage Equal to Heaven and setting events in motion that will cause him some serious trouble.

These stories are all written in simple language suitable for beginning Chinese learners at the 600-word HSK 3 level. Whenever we introduce a word or phrase that isn't part of HSK 3 and was not already defined in Book 1, it's defined in a footnote on the page where it first appears. In order to reduce the number of footnotes we also list, in the next section, all the new words that were already introduced in Book 1 and used again here.

In the main body of the book, each page of Chinese characters is matched with a facing page of pinyin. This is unusual for Chinese novels but we feel it's important. By including the pinyin, as well as a full English version and glossary at the end, we hope that every reader, no matter what level of mastery they have of the Chinese language, will be able to understand and enjoy the story we tell here.

Our website, www.imagin8press.com, contains many helpful study aids, including an audio recording of the book, downloadable word lists, study questions and exercises for classroom use, and links to other books you might enjoy, including other books in this series as they become available.

We hope you like this book, and we'd love to hear from you! Write us at info@imagin8press.com.

Jeff Pepper and Xiao Hui Wang
Pittsburgh, Pennsylvania, USA
June 2017

Trouble in Heaven
天宫里找麻烦

Tiāngōng Lǐ Zhǎo Máfan

Wǒ qīn'ài de háizi, yòu shì yītiān guòqù le, yòu dàole shuìjiào de shíhòu le.

Zuótiān wǎnshàng wǒ jiǎng le Sūn Wùkōng, nàgè Hóu Wáng de gùshì. Zhè zhǐ hóuzi hěnjiǔ yǐqián jiù shēnghuó zài Àolái Guó de Huāguǒ Shān. Wǒ gàosùguò nǐ, tā shì zěnme chūshēng de, zěnme chéngwéi Hóu Wáng de, zěnme xuéhuì chángshēng bùsǐ de, zěnme gēn yīgè xiǎng yào shānghài qítā hóuzi de dà yāoguài dǎdòu de. Jīntiān wǎnshàng wǒ huì gàosù nǐ tā zài tiāngōng lǐ de jīnglì, tā zài nàlǐ zhǎole hěnduō máfan. Yǒu de shíhóu zhè zhǐ hóuzi jǐ zìjǐ hé qítā rén zhǎo le hěnduō de dà máfan!

Nǐ bù huì wàngjì ba, wǒ gàosùguò nǐ, Hóu Wáng hé yīgè yāoguài dà dǎ le yī chǎng. Nà chǎng zhàndòu dǎ le hěn cháng shíjiān,

天宫里找麻烦

我亲爱的孩子，又是一天过去了，又到了睡觉的时候了。

昨天晚上我讲了<u>孙悟空</u>，那个<u>猴王</u>的故事。这只猴子很久以前就生活在<u>奥莱国</u>的<u>花果山</u>。我告诉过你，他是怎么出生的，怎么成为<u>猴王</u>的，怎么学会长生不死的，怎么跟一个想要伤害[1]其他猴子的大妖怪打斗[2]的。今天晚上我会告诉你他在天宫里的经历，他在那里找了很多麻烦。有的时侯这只猴子给自己和其他人找了很多的大麻烦！

你不会忘记吧，我告诉过你，<u>猴王</u>和一个妖怪大打了一场[3]。那场战斗[4]打了很长时间，

---

[1]	伤害	shānghài – hurt
[2]	打斗	dǎdòu – fight
[3]	场	chǎng – (measure word)
[4]	战斗	zhàndòu – fighting

dǎ dé hěn nán hěn nán. Nà cì zhàndòu yǐhòu, Hóu
Wáng zhīdào tā bìxū zuò zhàndòu de zhǔnbèi, suǒyǐ
tā jiù kāishǐ jiào qítā de hóuzi zěnme dǎdòu.

Hóuzimen xuéhuì le zěnme qù zhàndòu, dànshì
yǒuyītiān, Sūn Wùkōng xiǎngdào, "Rúguǒ biérén dǎ
wǒmen, wǒmen yě xūyào yǒu hǎo de wǔqì. Wǒmen
zěnme néng dédào tāmen ne?" Sì zhǐ lǎo hóuzi
zhīdào le yǐhòu, zǒuxiàng qián lái, shuō: "Dàwáng, zài
Àolái dōng miàn dàhǎi èrbǎi lǐ wài, yǒu lìng yīgè
guójiā. Nàgè guójiā de guówáng yǒu hěnduō wǔqì.
Rúguǒ nǐ cóng nàgè guówáng nàlǐ mǎi wǔqì, wǒmen
jiù bùpà biérén dǎ wǒmen le."

"Hǎo zhǔyì," Hóu Wáng shuō, "wǒ yào qù nàlǐ."

Jǐ nián qián, Hóu Wáng xuéhuì le zěnme yòng jīndǒu
yún zǒu dé yòu kuài

打得很难很难。那次战斗以后，猴王知道他必须做战斗的准备，所以他就开始教其他的猴子怎么打斗。

猴子们学会了怎么去战斗，但是有一天，孙悟空想到，"如果别人打我们，我们也需要有好的武器⁵。我们怎么能得到它们呢？"四只老猴子知道了以后，走向前来，说："大王，在奥莱东面大海二百里外，有另一个国家。那个国家的国王有很多武器。如果你从那个国王那里买武器，我们就不怕别人打我们了。"

"好主意⁶，"猴王说，"我要去那里。"

几年前，猴王学会了怎么用筋斗云走得又快

---

⁵ 武器　　　　wǔqì – weapon(s)
⁶ 主意　　　　zhǔyì – idea

yòu yuǎn. Xiànzài tā yīgè jīndǒu yún jiù hěn kuài dì

fēiguò le liǎng bǎi lǐ de dàhǎi dào le yīgè dà chéngshì.

Tā kàn dào yīgè wǔqì kù, lǐmiàn yǒu hěnduō wǔqì. Tā

xiǎng yào zhèxiē wǔqì, dàn tā méiyǒu qián, suǒyǐ tā

bùnéng mǎi zhèxiē wǔqì. Dàn zhè bùshì wèntí! Tā

chuīchū le yī gǔ dàfēng. Fēng ràng suǒyǒu de rén dōu

jìn dào jiāzhōng, suǒyǒu de shāngdiàn dōu guān le

mén.

Suǒyǒu de rén dōu zài zìjǐ de jiāzhōng le, zhǐyǒu Sūn

Wùkōng yīgè rén zài nàlǐ. Tā dǎkāi le wǔqì kù de

mén, kàn dào le hěnduō wǔqì, tài duō le, tā ná bù

wán. Méi wèntí! Tā cóngtóu shàng bá chū yīxiē

tóufǎ, jǔjué hòu, bǎ tāmen tǔ chūlái. Tóufǎ biàn

chéng jǐ bǎi zhǐ xiǎo hóuzi. Měi zhǐ hóuzi dōu ná le

yīxiē wǔqì. Ránhòu Sūn Wùkōng zàicì chuīchū yī gǔ

dàfēng, suǒyǒu de xiǎo hóuzi hé wǔqì dōu fēi huí le

Huāguǒ Shān.

"Háizimen," Sūn Wùkōng shuō, "lái ná nǐmen de wǔ

又远。现在他一个筋斗云就很快地飞过了两百里的大海到了一个大城市。他看到一个武器库[7]，里面有很多武器。他想要这些武器，但他没有钱，所以他不能买这些武器。但这不是问题！他吹[8]出了一股[9]大风。风让所有的人都进到家中，所有的商店都关了门。

所有的人都在自己的家中了，只有孙悟空一个人在那里。他打开了武器库的门，看到了很多武器，太多了，他拿不完。没问题！他从头上拔出一些头发，咀嚼后，把它们吐出来。头发变成几百只小猴子。每只猴子都拿了一些武器。然后孙悟空再次吹出一股大风，所有的小猴子和武器都飞回了花果山。

"孩子们，"孙悟空说，"来拿你们的武

---

[7] 库   kù – warehouse
[8] 吹   chuī – blow
[9] 股   gǔ – (measure word)

他打开了武器库的门，看到了很多武器，太多了，他拿不完。

Tā dǎkāi le wǔqì kù de mén, kàn dào le hěnduō wǔqì, tài duō le, tā ná bù wán.

He opened the armory doors. He saw many weapons, too many for him to take.

9

qì!" Xiànzài suǒyǒu de hóuzi dōu yǒu wǔqì le, tāmen zhǔnbèi hǎo le qù zhàndòu. Sūn Wùkōng wèi zìjǐ xuǎn le wǔqì, dàn tā bù xǐhuān. "Zhè duì wǒ lái shuō tài xiǎo le," tā shuō.

Sì zhǐ lǎo hóuzi yòu zǒu shàng qián lái, gàosù tā, "Dàwáng, zài zhè shānxià, dàhǎi xià, yǒu gè long gōng. Lóng Wáng jiù zhù zài nàlǐ. Qǐng tā gěi nǐ yī jiàn hǎo wǔqì."

Sūn Wùkōng hěn xǐhuān zhège zhǔyì, suǒyǐ tā tiào jìn shuǐzhōng, yóu dào lóng gōng qù zhǎo Lóng Wáng. Lóng Wáng cóng tā de gōngdiàn lǐ chūlái huānyíng tā. Lóng Wáng shuō: "Dàxiān, huānyíng lái dào wǒjiā. Qǐng jìnlái!"

Lóng Wáng hé Hóu Wáng yīqǐ hē chá. Lóng Wáng wèn Sūn Wùkōng wèishénme lái dào lóng gōng. "Hěnduō nián yǐlái wǒ yīzhí zài xuéxí chángshēng de bànfǎ," Sūn Wùkōng shuō, "Xiànzài wǒ kěyǐ chángshēng bùsǐ le. Wǒ jiàohuì le wǒ de háizimen zěnme qù zhàndòu, tāmen dōu yǒu hěn hǎo de wǔqì. Dànshì wǒ hái méiyǒu wǒ xǐhuān

器！"现在所有的猴子都有武器了，他们准备好了去战斗。孙悟空为自己选了武器，但他不喜欢。"这对我来说太小了，"他说。

四只老猴子又走上前来，告诉他，"大王，在这山下，大海下，有个龙[10]宫。龙王就住在那里。请他给你一件好武器。"

孙悟空很喜欢这个主意，所以他跳进水中，游到龙宫去找龙王。龙王从他的宫殿里出来欢迎他。龙王说："大仙，欢迎来到我家。请进来！"

龙王和猴王一起喝茶。龙王问孙悟空为什么来到龙宫。"很多年以来我一直在学习长生的办法，"孙悟空说，"现在我可以长生不死了。我教会了我的孩子们怎么去战斗，他们都有很好的武器。但是我还没有我喜欢

---

[10] 龙　　　　　*lóng – dragon*

de wǔqì. Wǒ tīng shuō wǒ de hǎi xià línjū kěyǐ bāngzhù wǒ."

Lóng Wáng zuòzhe, xiǎng le yīxià. Tā yǒudiǎn pà Sūn Wùkōng, suǒyǐ tā gěi le tā jǐ zhǒng wǔqì. Yǒuyīxiē wǔqì fēicháng dà, shí gè dàrén dōu ná bù qǐlái. Dàn Sūn Wùkōng shuō: "Zhèxiē wǔqì tài xiǎo le. Nǐ yǒu bié de ma? Wǒ kěyǐ gěi nǐ qián."

Lóng Wáng hàipà jí le! "Duìbùqǐ," tā shuō, "nà shì wǒ yǒu de zuìdà de wǔqì."

Hóu Wáng shēngqì le. Jiù zài zhège shíhòu Lóng Wáng de māmā tīng dào le tāmen dehuà. Tā duì Lóng Wáng shuō: "Qīn'ài de érzi, zhè hǎi xià yǒuyī gēn dà bàng. Zhè jǐ tiān, tā fāchū le měilì de guāng. Wǒmen jiù bǎ zhège gěi nà Hóu Wáng ba. Tā kěnéng huì yào zhège, nàyàng tā jiù huì huí tā de jiā le!"

Lóng Wáng gàosù Sūn Wùkōng, "Zài zhè hǎi xiàmiàn yǒu yī gēn dà bàng. Nǐ kěyǐ ná qù. Dànshì, tā tài dà le, wǒmen méiyǒu bàn

的武器。我听说我的海下邻居可以帮助我。"

龙王坐着，想了一下。他有点怕孙悟空，所以他给了他几种武器。有一些武器非常大，十个大人都拿不起来。但孙悟空说："这些武器太小了。你有别的吗？我可以给你钱。"

龙王害怕极了！"对不起，"他说，"那是我有的最大的武器。"

猴王生气了。就在这个时候龙王的妈妈听到了他们的话。她对龙王说："亲爱的儿子，这海下有一根[11]大棒[12]。这几天，它发出了美丽的光。我们就把这个给那猴王吧。他可能会要这个，那样他就会回他的家了！"

龙王告诉孙悟空，"在这海下面有一根大棒。你可以拿去。但是，它太大了，我们没有办

---

[11] 根　　　　　　gēn – (measure word)
[12] 棒　　　　　　bàng – rod

fǎ bān dòng tā. Dànshì nǐ kěnéng kěyǐ bān dòng tā."

"Zài nǎlǐ?" Sūn Wùkōng shuō, "Dài wǒ qù nàlǐ."

Lóng Wáng hé Sūn Wùkōng yīqǐ qù kàn dà bàng. Tā yǒu èrshí chǐ zhǎng, xiàng dà shù nàme cū, bàng de liǎngtóu shì liǎng gè jīn gū, bàng shàngmiàn yǒu zì: "jīn gū bàng". Sūn Wùkōng shuō: "Zhè jīn gū bàng tài zhǎng tài cū le. Biàn!" Zhèng xiàng tā shuō de nàyàng, jīn gū bàng biàn xiǎo le, zhǐyǒu fànwǎn nàme cū. Sūn Wùkōng bǎ tā ná qǐlái, xiànzài tā hěn xǐhuān zhè gēn jīn gū bàng. Tā kànzhe jīn gū bàng qīngshēng shuō: "Háishì tài dà le, biàn!" Jīn gū bàng jiù biàn dé hěn xiǎo hěn xiǎo le. Sūn Wùkōng bǎ tā ná qǐlái fàng zài ěr zhōng.

"Xièxiè nǐ, wǒ de línjū," tā duì Lóng Wáng shuō, "wǒ hěn xǐhuān zhè gēn jīn gū bàng! Xiànzài wǒ hái xūyào yī jiàn

法搬动[13]它。但是你可能可以搬动它。"

"在哪里？"孙悟空说，"带我去那里。"

龙王和孙悟空一起去看大棒。它有二十尺[14]
长，像大树那么粗[15]，棒的两头是两个金箍[16]，
棒上面有字："金箍棒"。孙悟空说："这
金箍棒太长太粗了。变！"正像他说的那样，
金箍棒变小了，只有饭碗那么粗。孙悟空把
它拿起来，现在他很喜欢这根金箍棒。他看
着金箍棒轻声说："还是太大了，变！"金
箍棒就变得很小很小了。孙悟空把它拿起来
放在耳中。

"谢谢你，我的邻居，"他对龙王说，"我
很喜欢这根金箍棒！现在我还需要一件

---

[13] 搬动	bān dòng – move
[14] 尺	chǐ – a chinese foot
[15] 粗	cū – thick
[16] 金箍	jīn gū – golden hoops or rings

孙悟空把它拿起来，现在他很喜欢
这根金箍棒。

*Sūn Wùkōng bǎ tā ná qǐlái, xiànzài tā
hěn xǐhuān zhè gēn jīn gū bàng.*

*Sun Wukong picked it up. Now he
liked the golden hoop rod.*

dōngxī. Nǐ yǒu shénme hǎo yīfú gěi wǒ ma?"

"Duìbùqǐ," Lóng Wáng huídá, "wǒ méiyǒu shénme yīfú gěi nǐ."

Sūn Wùkōng kànzhe tā, lěng lěng de shuō: "Nǐ xiǎng ràng wǒ yòng jīn gū bàng dǎ nǐ ma?"

"Děng děng! Bié dòngshǒu," Lóng Wáng hǎn dào, "Wǒ huì bāng nǐ zhǎo yīxiē hǎo yīfú de."

Lóng Wáng jiào lái tā de sān gè xiōngdì yīqǐ bāng Sūn Wùkōng zhǎo yīfú, tāmen zhǎodào le yīxiē Sūn Wùkōng kěyǐ chuān de yīfú, tāmen zhōng yǒu yī dǐng měilì de jīn hóngsè màozi hé yī jiàn de jīn huángsè kuījiǎ. Tāmen bǎ zhèxiē gěile Sūn Wùkōng. Sūn Wùkōng hěn gāoxìng. Tā ná qǐ yīfú huí jiā le. Dàn Lóng Wáng hé tā de xiōngdìmen dōu hěn shēngqì, tāmen gěi tiānshàng de Yùhuáng Dàdì xiě le

东西。你有什么好衣服给我吗？"

"对不起，"龙王回答，"我没有什么衣服
给你。"

孙悟空看着他，冷冷地说："你想让我用金
箍棒打你吗？"

"等等！别动手，"龙王喊道，"我会帮你
找一些好衣服的。"

龙王叫来他的三个兄弟一起帮孙悟空找衣服，
他们找到了一些孙悟空可以穿的衣服，它们
中有一顶美丽的金红色帽子和一件的金黄色
盔甲[17]。他们把这些给了孙悟空。孙悟空很
高兴。他拿起衣服回家了。但龙王和他的兄
弟们都很生气，他们给天上的玉皇大帝写了

---

17 盔甲   kuījiǎ – armor

yī fēng xìn.

Sūn Wùkōng huí dào jiā hòu, zuò zài tā de bǎozuò shàng, bǎ jīn gū bàng fàng zài dìshàng. Suǒyǒu de hóuzi dōu xiǎng bǎ tā ná qǐlái, dànshì tāmen dōu bùnéng bān dòng tā. Sūn Wùkōng xiào le qǐlái, gàosù tāmen tā shì zěnme dédào zhè jīn gū bàng de. Xiǎo hóuzimen xiàozhe tiàozhe, yòu chī yòu hē, zhídào shuìzháo le.

Fēicháng yǒuyìsi de shì, Sūn Wùkōng shuìzháo le, tā zuò le yīgè mèng. Zài mèng zhōng, yǒu liǎng gèrén lái dào tā miànqián. Tāmen názhe yī zhāng zhǐ, shàngmiàn xiězhe: "Sūn Wùkōng". Nà liǎng gèrén yījù huà dōu bù shuō, jiù bǎ Sūn Wùkōng tuō zǒu le. Dāng tāmen tuōzhe tā de shíhòu, Sūn Wùkōng xiàngshàng yī kàn, kàn dào yīkuài páizi, shàngmiàn yòng dàzì xiězhe: "Yōumíng Jiè".

一封¹⁸信¹⁹。

孙悟空回到家后，坐在他的宝座²⁰上，把金箍棒放在地上。所有的猴子都想把它拿起来，但是他们都不能搬动它。孙悟空笑了起来，告诉他们他是怎么得到这金箍棒的。小猴子们笑着跳着，又吃又喝，直到睡着了。

非常有意思的是，孙悟空睡着了，他做了一个梦²¹。在梦中，有两个人来到他面前。他们拿着一张纸，上面写着："孙悟空"。那两个人一句话都不说，就把孙悟空拖²²走了。当他们拖着他的时候，孙悟空向上一看，看到一块牌子²³，上面用大字写着："幽冥界²⁴"。

---

18 封　　　　　fēng – (measure word)
19 信　　　　　xìn – letter
20 宝座　　　　bǎozuò – throne
21 梦　　　　　mèng – dream
22 拖　　　　　tuō – to drag
23 牌子　　　　páizi – sign
24 幽冥界　　　Yōumíng Jiè – the Underworld, Land of the Dead

21

"Zhè shì shénme?" tā hǎn dào, "Yōumíng Jiè shì Yánluó Wáng de jiā, nàgè dìyù de wáng. Wǒ shì chángshēng bùsǐ de, zhèlǐ gēn wǒ méiguānxì, wǒ wèishénme yào zài zhèlǐ?" Dànshì zhè liǎng gèrén méiyǒu tīng tā dehuà. Sūn Wùkōng shēngqì le. Tā bǎ jīn gū bàng cóng tā de ěrduǒ lǐ ná chūlái, bǎ tā biàn dào xiàng wǎn nàyàng cū, chóngchóng de dǎ le nà liǎng gèrén. Tāmen fang le tā, tā pǎo jìnle dìyù chéng.

Zài nàlǐ tā kàn dào le dìyù lǐ de shí wèi guówáng. Guówángmen kànjiàn le Sūn Wùkōng, dàn bù rènshì tā, suǒyǐ tāmen shuō: "Gàosù wǒmen nǐ de míngzì!"

"Wǒ shì cóng Huāguǒ Shān lái de Hóu Wáng Sūn Wùkōng," tā huídá shuō, "Nǐmen ràng nǐmen de liǎng gèrén bǎ wǒ tuō guòlái. Zhè ràng wǒ hěn shēngqì. Mǎshàng gàosù wǒ nǐmen de míngzì. Rúguǒ bù shuō wǒ jiù yòng wǒ de jīn gū bàng dǎ nǐmen."

Guówángmen hàipà le, tāmen hěn kuài shuō le tāmen de míngzì.

"这是什么？"他喊道，"幽冥界是阎罗王的家，那个地狱的王。我是长生不死的，这里跟我没关系，我为什么要在这里？"但是这两个人没有听他的话。孙悟空生气了。他把金箍棒从他的耳朵里拿出来，把它变到像碗那样粗，重重地打了那两个人。他们放了他，他跑进了地狱城。

在那里他看到了地狱里的十位国王。国王们看见了孙悟空，但不认识他，所以他们说："告诉我们你的名字！"

"我是从花果山来的猴王孙悟空，"他回答说，"你们让你们的两个人把我拖过来。这让我很生气。马上告诉我你们的名字。如果不说我就用我的金箍棒打你们。"

国王们害怕了，他们很快说了他们的名字。

Sūn Wùkōng shuō: "Dàjiā jiào nǐmen dàwáng, nà nǐmen yīnggāi hěn cōngmíng. Dànshì, wǒ zhīdào shì nǐmen ràng nà liǎng gè rén bǎ wǒ dài lái de. Nàyàng zuò shì hěn bèn de!"

"Dàxiān," tāmen huídá shuō, "qǐng bùyào shēngqì. Wǒmen de rén kěnéng ná cuò rén le. Nǐ zhīdào hěnduō rén dōu yǒu yīyàng de míngzì."

"Wǒ bù xiāngxìn," Sūn Wùkōng shuō, "wǒ yào kàn Shēngsǐ Bù. Wǒ yào kàn kàn lǐmiàn yǒu méiyǒu wǒ de míngzì."

Guówángmen ná chūle Shēngsǐ Bù. Zhèxiē Shēngsǐ Bù li yǒu suǒyǒu shēngwù de míngzì, yǒurén, hóuzi hé qítā dòngwù. Sūn Wùkōng kàn le suǒyǒu de shū, dànshì zhǎo bù dào tā zìjǐ de míngzì. Zhè shì yīnwèi tā kàn qǐlái xiàng rén, dàn tā bùshì rén, yě bùshì yī zhǐ hóuzi. Tā hěn tèbié. Zuìhòu tā kàn dào yī

孙悟空说："大家叫你们大王，那你们应该很聪明。但是，我知道是你们让那两个人把我带来的。那样做是很笨的！"

"大仙，"他们回答说，"请不要生气。我们的人可能拿错人了。你知道很多人都有一样的名字。"

"我不相信，"孙悟空说，"我要看生死簿[25]。我要看看里面有没有我的名字。"

国王们拿出了生死簿。这些生死簿里有所有生物[26]的名字，有人、猴子和其他动物。孙悟空看了所有的书，但是找不到他自己的名字。这是因为他看起来像人，但他不是人，也不是一只猴子。他很特别。最后他看到一

---

běn hěn xiǎo de zhǐyǒu yī yè de shū. Tā dǎkāi shū, dú

dào: "Cóng tiāndì chūshēng de shí hóuzi. Niánlíng:

sānbǎi sìshí'èr nián. Lǎosǐ."

Sūn Wùkōng shuō: "Wǒ bù zhīdào wǒ de niánlíng.

Dàn zhè méiguānxì. Wǒ bùxiǎng ràng wǒ de míngzì

zài shēngsǐ bù zhōng. Gěi wǒ yī zhī máobǐ hé yīxiē

mò." Tā yòng máobǐ hé mò huà diào le zìjǐ de míngzì.

Dàn zhè hái méiyǒu wán. Tā dǎkāi suǒyǒu yǒu hóuzi

míngzì de Shēngsǐ Bù, yòng máobǐ hé mò bǎ suǒyǒu

hóuzi de míngzì dōu huà diào le. "Xiànzài wǒ de

míngzì hé wǒ péngyǒumen de míngzì dōu bùzài

Shēngsǐ Bù zhōng," tā shuō, "wǒmen huì yīzhí

huózhe." Zhè ràng dìyù lǐ de shí wèi guówáng

fēicháng shēngqì, tāmen gěi tiānshàng de Yùhuáng

Dàdì xiěle yī fēng xìn.

Zhèngzài zhège shíhòu, Sūn Wùkōng xǐng le, zhīdào

zhè zhǐshì yī

本很小的只有一页[27]的书。他打开书，读道：
"从天地出生的石猴子。年龄：三百四十二
年。老死。"

孙悟空说："我不知道我的年龄。但这没关
系。我不想让我的名字在生死簿中。给我一
支[28]毛笔[29]和一些墨[30]。"他用毛笔和墨划掉[31]
了自己的名字。但这还没有完。他打开所有
有猴子名字的生死簿，用毛笔和墨把所有猴
子的名字都划掉了。"现在我的名字和我朋
友们的名字都不在生死簿中，"他说，"我
们会一直活着。"这让地狱里的十位国王非
常生气，他们给天上的玉皇大帝写了一封信。

正在这个时候，孙悟空醒了，知道这只是一

27	页	yè – page
28	支	zhī – (measure w ord)
29	毛笔	máobǐ – brush
30	墨	mò – ink
31	划掉	huà diào – to cross out

他用毛笔和墨把所有猴子的名字都
划掉了。

Tā yòng máobǐ hé mò bǎ suǒyǒu hóuzi
de míngzì dōu huà diào le.

He used the brush and ink to cross
out the names of all the monkeys.

gè mèng. Tā bǎ zhège mèng gàosù le sì zhǐ lǎo hóuzi, hái gàosù tāmen tā shì zěnme bǎ tāmen de míngzì cóng shēngsǐ bù zhōng huà diào de. Dāng sì zhǐ lǎo hóuzi zhīdào tāmen de míngzì bùzài Shēngsǐ Bù zhòng shí, tāmen hěn gāoxìng, yīnwèi tāmen zhīdào tāmen huì yīzhí huózhe.

Hóu Wáng hěn gāoxìng, qítā de hóuzi, tā suǒyǒu de péngyǒumen yě dōu hěn gāoxìng. Dànshì, tiānshàng de Yùhuáng Dàdì bù gāoxìng. Tā gāng dédào liǎng fēng xìn. Dì yī fēng shì cóng Lóng Wáng nàlǐ lái de, jiǎng le Sūn Wùkōng zài lóng gōng lǐ zuò de shìqíng. Dì èr fēng shì cóng shí wèi guówáng nàlǐ lái de, jiǎng le Sūn Wùkōng zài dìyù lǐ zuò de shìqíng.

Kàn wán liǎng fēng xìn hòu, Yùhuáng Dàdì hěn shēngqì. Tā dà hǎn: "Zhège wúfǎwútiān de hóuzi shì shéi? Tā shì cóng nǎlǐ lái de? Tā zěnme xué le zhème duō dōngxī, tā zěnme huì biàn dé

个梦。他把这个梦告诉了四只老猴子，还告诉他们他是怎么把他们的名字从生死簿中划掉的。当四只老猴子知道他们的名字不在生死簿中时，他们很高兴，因为他们知道他们会一直活着。

猴王很高兴，其他的猴子、他所有的朋友们也都很高兴。但是，天上的玉皇大帝不高兴。他刚得到两封信。第一封是从龙王那里来的，讲了孙悟空在龙宫里做的事情。第二封是从十位国王那里来的，讲了孙悟空在地狱里做的事情。

看完两封信后，玉皇大帝很生气。他大喊："这个无法无天的猴子是谁？他是从哪里来的？他怎么学了这么多东西，他怎么会变得

zhème qiángdà?" Liǎng wèi dàchén zǒu guòlái shuō:
"Yùhuáng Dàdì, zhè shì sānbǎi nián qián nǐ jiànguò de
cóng tiāndì zhòng chūshēng de xiǎo shí hóu. Nà
shíhòu tā bù qiángdà. Wǒmen bù zhīdào tā shì
zěnme xué dào zhème duō de, zěnme biàn dé zhème
qiángdà de."

"Xiànzài tā tài qiángdà le, tài kěpà le. Bǎ tā zhuā
qǐlái," Yùhuáng Dàdì shuō.

Liǎng wèi dàchén zhōng de yī wèi, Tàibái Jīnxīng,
zǒuxiàng qián qù, shuō: "Yùhuáng Dàdì, nǐ zhīdào
suǒyǒu de shēngwù dōu kěyǐ xuéhuì chángshēng
bùsǐ. Zhè zhǐ hóuzi shì cóng tiāndì zhòng chūshēng
de, tā dāngrán yě kěyǐ xuéhuì chángshēng bùsǐ. Qǐng
bùyào zhuā tā. Tā yīnggāi lái tiānshàng, zhù zài zhèlǐ.
Wǒ qù qǐng tā lái, gěi tā yīgè gōngzuò."

这么强大³²？"两位大臣³³走过来说："玉皇
大帝，这是三百年前你见过的从天地中出生
的小石猴。那时候他不强大。我们不知道他
是怎么学到这么多的，怎么变得这么强大
的。"

"现在他太强大了，太可怕了。把他抓³⁴起
来，"玉皇大帝说。

两位大臣中的一位，太白金星³⁵，走向前去，
说："玉皇大帝，你知道所有的生物都可以
学会长生不死。这只猴子是从天地中出生的，
他当然也可以学会长生不死。请不要抓他。
他应该来天上，住在这里。我去请他来，给
他一个工作。"

---

32 强大　　　　　qiángdà – powerful
33 大臣　　　　　dàchén – minister, court official
34 抓　　　　　　zhuā – to grab, to arrest
35 太白金星　　　Tàibái Jinxing – Bright Star of Venus (name)

33

Yùhuáng Dàdì rènwéi zhè shì yīgè hěn hǎo de zhǔyì.

Suǒyǐ tā gàosù Tàibái Jīnxīng qù jiàn Sūn Wùkōng, qǐng tā dào tiānshàng lái. Tàibái Jīnxīng qù le Huāguǒ Shān, duì Sūn Wùkōng shuō: "Wǒ shì Tàibái Jīnxīng. Yùhuáng Dàdì xiǎng yào nǐ qù tiāngōng gōngzuò." Sūn Wùkōng tīng dào hòu hěn gāoxìng, tā yòng jīndǒu yún shàng le tiānshàng.

Sūn Wùkōng zǒu dé hěn kuài, Tàibái Jīnxīng gēn bù shàng tā, suǒyǐ Sūn Wùkōng dào tiānshàng de shíhòu, Tàibái Jīnxīng hái zài lùshàng. Tiānshàng méiyǒurén rènshì Sūn Wùkōng. Tāmen kàn dào tā de shíhòu shuō: "Nǐ bùnéng jìnlái." Tāmen názhe wǔqì zhàn zài tā miànqián. Sūn Wùkōng xiǎng, "Tàibái Jīnxīng méi yǒu gàosù wǒ zhēnxiàng. Tā qǐng wǒ lái tiāngōng, dànshì zhèxiē rén bùxiǎng ràng wǒ zài zhèlǐ."

Jiù zài zhège shíhòu, Tàibái Jīnxīng dàole. "Bié dānxīn, wǒ de péngyǒu," tā duì Sūn Wùkōng shuō, "Zhè shì nǐ dì yīcì lái zhèlǐ, zhèlǐ de rén dāngrán bù rènshì nǐ. Suǒyǐ tāmen bù huì ràng nǐ jìnqù de! Xiànzài wǒ zài zhèlǐ jiù méiyǒu wèn

玉皇大帝认为这是一个很好的主意。所以他告诉太白金星去见孙悟空，请他到天上来。

太白金星去了花果山，对孙悟空说："我是太白金星。玉皇大帝想要你去天宫工作。"孙悟空听到后很高兴，他用筋斗云上了天上。

孙悟空走得很快，太白金星跟不上他，所以孙悟空到天上的时候，太白金星还在路上。天上没有人认识孙悟空。他们看到他的时候说："你不能进来。"他们拿着武器站在他面前。孙悟空想，"太白金星没有告诉我真相。他请我来天宫，但是这些人不想让我在这里。"

就在这个时候，太白金星到了。"别担心，我的朋友，"他对孙悟空说，"这是你第一次来这里，这里的人当然不认识你。所以他们不会让你进去的！现在我在这里就没有问

tí le. Yǐhòu nǐ zhù zài zhèlǐ, zài zhèlǐ gōngzuò, shéi huì

bù ràng nǐ jìn jìn chū chū ne?"

Ránhòu Tàibái Jīnxīng dàshēng dì duì dàjiā shuō:

"Zhàn dào yībiān qù. Shì Yùhuáng Dàdì jiào tā lái de.

Ràng tā jìnqù!" Měi gè rén dōu zǒu dào yībiān, Tàibái

Jīnxīng hé Sūn Wùkōng jìn le gōngdiàn. Gōngdiàn

hěn piàoliang, lǐmiàn yǒu sānshísān chuáng dà

fángzi, yǒu hěnduō guìzhòng de bǎoshí. Tāmen tīng

dào yuǎn yuǎn sòng lái de yīnyuè shēng. Zài

gōngdiàn de zhōngjiān, Yùhuáng Dàdì zuò zài tā de

bǎozuò shàng.

Sūn Wùkōng hé Tàibái Jīnxīng zài Yùhuáng Dàdì miàn

qián jūgōng. Tàibái Jīnxīng shuō: "Yùhuáng Dàdì, zhè

shì nǐ ràng wǒ dài lái de yāo xiān."

"Zhège yāo xiān shì shéi?" Yùhuáng Dàdì wèn.

题了。以后你住在这里，在这里工作，谁会不让你进进出出呢？"

然后太白金星大声地对大家说："站到一边去。是玉皇大帝叫他来的。让他进去！"每个人都走到一边，太白金星和孙悟空进了宫殿。宫殿很漂亮，里面有三十三幢[36]大房子，有很多贵重的宝石[37]。他们听到远远送来的音乐声。在宫殿的中间，玉皇大帝坐在他的宝座上。

孙悟空和太白金星在玉皇大帝面前鞠躬。太白金星说："玉皇大帝，这是你让我带来的妖仙。"

"这个妖仙是谁？"玉皇大帝问。

Méiyǒu děng Tàibái Jīnxīng shuōhuà, Sūn Wùkōng jiù

tiào le qǐlái duì Yùhuáng Dàdì shuō: "Zhèng shì wǒ

zhè zhǐ lǎo hóuzi!"

Dàchénmen dōu hěn shēngqì, dàn Yùhuáng Dàdì

shuō: "Zhège yāo xiān cái gānggāng biàn chéng rén.

Wǒmen huì yuánliàng tā shuō de zhèxiē huà de."

Ránhòu Yùhuáng Dàdì wèn tā de dàchénmen

tiāngōng li yǒu shénme gōngzuò kěyǐ gěi Sūn

Wùkōng zuò. Dàchénmen shuō tiāngōng li yǒu

hěnduō gōngzuò, dànshì suǒyǒu de gōngzuò dōu yǒu

rén zuò le. Zhǐyǒu yīgè gōngzuò, nà jiùshì zài mǎ fáng

lǐ zhàogù Yùhuáng Dàdì de mǎ. Sūn Wùkōng hěn

xǐhuān mǎ, suǒyǐ tā rènwéi zhè shì yīgè hěn hǎo de

gōngzuò. Tā mǎshàng jiù qù mǎ fáng kāishǐ gōngzuò

le.

Tā fēicháng xǐhuān zhège gōngzuò, mǎ biàn dé hěn

pàng hěn kuàilè. Tā gōngzuò le jǐ gè xīngqí. Yǒuyītiān

tā hé tā de péngyǒumen zài yīqǐ chīzhe fàn hēzhe jiǔ.

Tā ná qǐ yībēi jiǔ, wèn tā

没有等太白金星说话，孙悟空就跳了起来对玉皇大帝说："正是我这只老猴子！"

大臣们都很生气，但玉皇大帝说："这个妖仙才刚刚变成人。我们会原谅[38]他说的这些话的。"

然后玉皇大帝问他的大臣们天宫里有什么工作可以给孙悟空做。大臣们说天宫里有很多工作，但是所有的工作都有人做了。只有一个工作，那就是在马房里照顾玉皇大帝的马。孙悟空很喜欢马，所以他认为这是一个很好的工作。他马上就去马房开始工作了。

他非常喜欢这个工作，马变得很胖很快乐。他工作了几个星期。有一天他和他的朋友们在一起吃着饭喝着酒。他拿起一杯酒，问他

---

[38] 原谅　　　**yuánliàng – forgive**

39

men, "wǒ de gōngzuò shì shénme jíbié?"

"Nǐ de gōngzuò méiyǒu jíbié," tāmen huídá dào.

"Rúguǒ méiyǒu jíbié, nà jiù yīnggāi shì tiānshàng zuìgāo jíbié de gōngzuò le!" Sūn Wùkōng shuō.

"Bù," tāmen xiàole, "nǐ de gōngzuò méiyǒu jíbié shì yīnwèi tā shì tiānshàng zuìdī jíbié de gōngzuò. Nǐ bìxū ràng mǎ biàn pàng biàn kuàilè. Dànshì nǐ yào xiǎoxīn, rúguǒ mǎ shòu le huòzhě shēngbìng le, nǐ jiù huì yǒu dà máfan!"

"Shénme?" tā kūle, "Zài Huāguǒ Shān wǒ shì yīgè dàwáng, zài zhèlǐ nǐmen shuō wǒ zhǐshì yīgè xià rén, zhàogù mǎ, zuò zuìdī jíbié de gōngzuò? Zhè bùshì wǒ zuò de shì." Tā tiào qǐlái, bǎ jīn gū bàng cóng ěrduǒ lǐ ná chūlái, bǎ tā biàn chéng fànwǎn nàyàng cū. Tā shā chū mǎ fáng, chū le tiāngōng de mén, yīgè jīndǒu yún huí dàole Huāguǒ Shān.

们，"我的工作是什么级别[39]？"

"你的工作没有级别，"他们回答道。

"如果没有级别，那就应该是天上最高级别的工作了！"<u>孙悟空</u>说。

"不，"他们笑了，"你的工作没有级别是因为它是天上最低级别的工作。你必须让马变胖变快乐。但是你要小心，如果马瘦了或者生病了，你就会有大麻烦！"

"什么？"他哭了，"在<u>花果山</u>我是一个大王，在这里你们说我只是一个下人，照顾马，做最低级别的工作？这不是我做的事。"他跳起来，把金箍棒从耳朵里拿出来，把它变成饭碗那样粗。他杀出马房，出了天宫的门，一个筋斗云回到了<u>花果山</u>。

---

[39] 级别　　　　jíbié – level or rank

他杀出马房，出了天宫的门。

Tā shā chū mǎ fáng, chū le tiāngōng de mén.

He fought his way out of the stables and through the Gate of Heaven.

Sì zhǐ lǎo hóuzi kànjiàn le tā, shuō: "Dàwáng, nǐ yǐjīng zài tiānshàng zhù le shí nián le. Wǒmen fēicháng xiǎng nǐ! Nǐ zhè cì qù tiāngōng kuàilè ma?"

"Shí nián? Cái liǎng gè xīngqí," tā huídá dào.

"Dàwáng, nǐ zhīdào ma, tiānshàng de yītiān jiùshì dìshàng de yī nián. Qǐngwèn nǐ zài tiāngōng de shíhòu zuò le shénme gōngzuò?"

"Bùyào wèn wǒ nàgè!" tā shuō, "Tāmen gěi le wǒ hěn dī jíbié de gōngzuò, zài mǎ fáng lǐ gōngzuò. Dāng wǒ fāxiàn zhège gōngzuò de jíbié shí, wǒ jiù fàngqì le gōngzuò, líkāi tiāngōng huí dào zhèlǐ le."

"Wǒmen hěn gāoxìng nǐ huílái," tāmen huídá dào. "Nǐ kěyǐ liú zài Huāguǒ Shān zuò wǒmen de wáng." Ránhòu tāmen duì qí fàngqì tā hóuzi shuō: "Kuài, ná jiǔ gěi dàwáng!"

四只老猴子看见了他，说："大王，你已经在天上住了十年了。我们非常想你！你这次去天宫快乐吗？"

"十年？才两个星期，"他回答道。

"大王，你知道吗，天上的一天就是地上的一年。请问你在天宫的时候做了什么工作？"

"不要问我那个！"他说，"他们给了我很低级别的工作，在马房里工作。当我发现这个工作的级别时，我就放弃[40]了工作，离开天宫回到这里了。"

"我们很高兴你回来，"他们回答道。"你可以留在花果山做我们的王。"然后他们对其放弃他猴子说："快，拿酒给大王！"

---

[40] 放弃　　　fàngqì – to give up, to surrender

Dāng tāmen dōu zuò zài nàlǐ hējiǔ de shíhòu, yǒu liǎng gè yāoguài lái le. Tāmen fēicháng yǒuhǎo, gěi Hóu Wáng sòng lái le lǐwù, dàn tāmen xǐhuān zhǎo máfan. Tāmen hē le Hóu Wáng gěi tāmen de jiǔ, tāmen zài yīqǐ shuō le hěn cháng shíjiān dehuà. Dāng yāoguàimen zhīdào le Sūn Wùkōng qùguò tiāngōng shí, tāmen wèn tā zài tiāngōng lǐ zuò shénme gōngzuò. Sūn Wùkōng gàosù tāmen tā zài mǎ fáng gōngzuò. "Bù huì ba," yāoguài shuō, "zhè bùshì yīgè hěn hǎo de gōngzuò. Nǐ shì yīgè dàwáng, bùshì yīgè yǎng mǎ de. Nǐ yīnggāi jiào Qí Tiān Dà Sheng." Sūn Wùkōng hěn xǐhuān zhège míngzì, tā ràng hóuzimen qù zuò yīmiàn qízi, zài shàngmiàn xiě shàng: "Qí Tiān Dà Sheng".

Dāng Sūn Wùkōng hé yāoguài shuōhuà shí, tiāngōng li yǒu máfan le. Liǎng gè xīngqí yǐqián, Hóu Wáng zài rénjiān zuò de shìqíng ràng Yùhuáng Dàdì hěn shēngqì. Xiànzài tā gēng shēngqì le, yīnwèi Hóu Wáng yǐjīng fàngqì le gōngzuò, líkāi le tiāngōng. Tā ràng tā de

当他们都坐在那里喝酒的时候，有两个妖怪来了。他们非常友好[41]，给猴王送来了礼物，但他们喜欢找麻烦。他们喝了猴王给他们的酒，他们在一起说了很长时间的话。当妖怪们知道了孙悟空去过天宫时，他们问他在天宫里做什么工作。孙悟空告诉他们他在马房工作。"不会吧，"妖怪说，"这不是一个很好的工作。你是一个大王，不是一个养马的。你应该叫齐天大圣[42]。"孙悟空很喜欢这个名字，他让猴子们去做一面旗子[43]，在上面写上："齐天大圣"。

当孙悟空和妖怪说话时，天宫里有麻烦了。两个星期以前，猴王在人间做的事情让玉皇大帝很生气。现在他更生气了，因为猴王已经放弃了工作，离开了天宫。他让他的

---

[41] 友好　　　　yǒuhǎo – friendly
[42] 齐天大圣　　Qí Tiān Dà Sheng – "Great Sage in Heaven"
[43] 旗子　　　　qízi – flag

dàjiàng qù zhǎo Sūn Wùkōng, bǎ tā dài huí tiāngōng.

Dàjiàng líkāi tiāngōng hěn kuài dào le Huāguǒ Shān.

Tā zhàn zài shāndòng qián miàn, hǎnzhe Sūn Wùkōng de míngzì, "wǒ lái zhuā nǐ, dài nǐ huí tiāngōng. Kuài chūlái, rúguǒ nǐ bù chūlái wǒ jiù jìnlái shāle nǐ!"

Sūn Wùkōng gāng cóng tiāngōng lǐ chūlái, bùxiǎng huí nàlǐ le. Tā yǐjīng zhǔnbèi hǎo dǎ yī chǎng le. Tā dàizhe jīn hóngsè màozi chuānzhuó jīn huángsè kuījiǎ, shǒu lǐ názhe jīn gū bàng. Tā de yǎnjīng xiàng **huǒyàn** yīyàng fāguāng, tā de shēng yīn xiàng léi shēng yīyàng. Tā shuō: "Nǐ shì shéi, nǐ wèishénme zhème bèn, jiù zhèyàng lái zhèlǐ? Gàosù wǒ nǐ de míngzì."

"Wúfǎwútiān de hóuzi," dàjiàng shuō, "nǐ bù xūyào zhīdào wǒ de míngzì. Yùhuáng Dàdì ràng wǒ lái zhuā nǐ, bǎ nǐ dài huí tiāngōng. Fàngxià nǐ de dà bàng, gēn wǒ zǒu. Rúguǒ nǐ shuō bàn gè "bù" zì, wǒ huì mǎshàng shā le nǐ."

大将[44]去找孙悟空，把他带回天宫。大将离开天宫很快到了花果山。他站在山洞前面，喊着孙悟空的名字，"我来抓你，带你回天宫。快出来，如果你不出来我就进来杀了你！"

孙悟空刚从天宫里出来，不想回那里了。他已经准备好打一场了。他戴着金红色帽子穿着金黄色盔甲，手里拿着金箍棒。他的眼睛像火焰[45]一样发光，他的声音像雷声一样。他说："你是谁，你为什么这么笨，就这样来这里？告诉我你的名字。"

"无法无天的猴子，"大将说，"你不需要知道我的名字。玉皇大帝让我来抓你，把你带回天宫。放下你的大棒，跟我走。如果你说半个"不"字，我会马上杀了你。"

---

[44] 大将　　　　dàjiāng – general, high ranking officer
[45] 火焰　　　　huǒyàn – flame

49

他戴着金红色帽子穿着金黄色盔甲，手里拿着金箍棒。

Tā dàizhe jīn hóngsè màozi chuānzhuó jīn huángsè kuījiǎ, shǒu lǐ názhe jīn gū bang.

He wore his red gold hat and yellow gold armor, and in his hand he held the golden rod.

"Hěn bèn de dàjiàng," Sūn Wùkōng shuō, "wǒ xiànzài kěyǐ shā le nǐ, dàn wǒ bù huì, yīnwèi wǒ yào nǐ bǎ wǒ dehuà dài gěi Yùhuáng Dàdì. Wèn Yùhuáng Dàdì wèishéme gěi wǒ nàgè dī jíbié de gōngzuò, zhàogù tā de mǎ. Nǐ kàn dào zhè miàn qízi le ma? Shàngmiàn xiězhe 'Qí Tiān Dà Shèng'. Nà shì wǒ! Rúguǒ Yùhuáng Dàdì gěi wǒ zhège míngzì, wǒ jiù fàngxià wǒ de jīn gū bàng, bù zhǎo máfan. Rúguǒ tā bù gěi wǒ zhège míngzì, wǒ huì yīlù dǎ dào tiāngōng, gěi tā zhǎo hěn dà de máfan, ràng Yùhuáng Dàdì bùnéng zuò zài tā de bǎozuò shàng!"

Dàjiàng zhǐshì xiào xiào, tā shuō: "Wúfǎwútiān de hóuzi, nǐ xiǎng zuò Qí Tiān Dà Shèng? Xiān shì shì wǒ de fǔtóu." Dàjiàng hé Hóu Wáng kāishǐ dǎ le qǐlái. Tāmen dǎ le hěn cháng shíjiān, hóuzi yòng tā de jīn gū bàng, dàjiàng yòng tā de fǔtóu. Zuìhòu, Sūn Wùkōng yòng jīn gū bàng chóngchóng de dǎ zài dàjiàng de tóu shàng. Dàjiàng jiù pǎo huí tiāngōng qù le.

"很笨的大将，"孙悟空说，"我现在可以杀了你，但我不会，因为我要你把我的话带给玉皇大帝。问玉皇大帝为什么给我那个低级别的工作，照顾他的马。你看到这面旗子了吗？上面写着'齐天大圣'。那是我！如果玉皇大帝给我这个名字，我就放下我的金箍棒，不找麻烦。如果他不给我这个名字，我会一路打到天宫，给他找很大的麻烦，让玉皇大帝不能坐在他的宝座上！"

大将只是笑笑，他说："无法无天的猴子，你想做齐天大圣？先试试我的斧头[46]。"大将和猴王开始打了起来。他们打了很长时间，猴子用他的金箍棒，大将用他的斧头。最后，孙悟空用金箍棒重重地打在大将的头上。大将就跑回天宫去了。

---

[46] 斧头　　　　fǔtóu – axe

Yùhuáng Dàdì ràng qítā dàjiàng dào Huāguǒ Shān dǎ Hóu Wáng. Tāmen yòu dǎ le yī chǎng, Hóu Wáng yòu yíngle. Dì èr wèi dàjiàng yě pǎo huí tiāngōng. Tā duì Yùhuáng Dàdì shuō: "Nín de xià rén hěn duìbùqǐ nín! Tā xià dào rénjiān yào bǎ nàgè wúfǎwútiān de hóuzi dài huí tiāngōng. Dàn tā méiyǒu zuò dào!"

Yùhuáng Dàdì xiǎng ràng gèng duō de dàjiàng qù dǎ Hóu Wáng, dàn yǒu yī wèi dàchén shuō: "Dǎ zhè zhǐ hóuzi tài nán le! Wǒmen kěnéng bù yìnggāi qù dǎ tā, wǒmen shì bùshì yīnggāi ràng tā chéngwéi Qí Tiān Dà Shèng. Gěi tā tā xiǎng yào de gōngzuò, dànshì bù gěi tā qián, bù gěi tā shìqíng zuò. Zhèyàng tā kěnéng jiù huì kuàilè, bù huì zài zhǎo máfan le!" Yùhuáng Dàdì tóngyì, yào Tàibái Jīnxīng zài yīcì dào Huāguǒ Shān qù zhǎo Sūn Wùkōng. Zhè yī cì, Tàibái Jīnxīng mei yǒu dédào xiàng péngyǒu nàyàng de huānyíng. Zhè cì, Huāguǒ Shān shàng de měi gè rén dōu ná qǐ wǔqì, kāishǐ hé tā dǎ. "Děng děng," tā dà hǎn, "bùyào dǎ! Wǒ lái zhèlǐ shì hé dà shèng shuōhuà de."

玉皇大帝让其他大将到花果山打猴王。他们又打了一场，猴王又赢了。第二位大将也跑回天宫。他对玉皇大帝说："您的下人很对不起您！他下到人间要把那个无法无天的猴子带回天宫。但他没有做到！"

玉皇大帝想让更多的大将去打猴王，但有一位大臣说："打这只猴子太难了！我们可能不应该去打他，我们是不是应该让他成为齐天大圣。给他他想要的工作，但是不给他钱、不给他事情做。这样他可能就会快乐，不会再找麻烦了！"玉皇大帝同意，要太白金星再一次到花果山去找孙悟空。这一次，太白金星没有得到像朋友那样的欢迎。这次，花果山上的每个人都拿起武器，开始和他打。"等等，"他大喊，"不要打！我来这里是和大圣说话的。"

Sūn Wùkōng kàn dào tā shuō: "Qǐng jìnlái, wǒ de péngyǒu. Duìbùqǐ, nǐ dàole yǐhòu wǒ méiyǒu néng mǎshàng jiàn nǐ."

Tàibái Jīnxīng shuō: "Ràng wǒ gàosù nǐ, nǐ dì yī cì lái tiāngōng de shíhòu, Yùhuáng Dàdì gěi le nǐ yīgè dī jíbié de gōngzuò, yīnwèi tā bù zhīdào nǐ nàme qiángdà. Xiànzài wǒmen zhīdào le nǐ shì Qí Tiān Dà Shèng. Suǒyǐ Yùhuáng Dàdì yào nǐ huí dào tiāngōng. Tā huì gěi nǐ yīgè zhǐyǒu Qí Tiān Dà Shèng cáinéng zuò de xīn gōngzuò."

Sūn Wùkōng xiào le, "Xièxiè nǐ, wǒ de péngyǒu. Hěn duìbùqǐ, wǒ zài tiāngōng zhǎo le nàme duō de máfan! Gàosù wǒ, zhè shì shénme xīn gōngzuò?"

"Qí Tiān Dà Shèng", Tàibái Jīnxīng huídá dào.

"Zhēn de? Tiāngōng li yǒu yīgè jiào 'Qí Tiān Dà Shèng' de gōngzuò ma?"

孙悟空看到他说："请进来，我的朋友。对不起，你到了以后我没有能马上见你。"

太白金星说："让我告诉你，你第一次来天宫的时候，玉皇大帝给了你一个低级别的工作，因为他不知道你那么强大。现在我们知道了你是齐天大圣。所以玉皇大帝要你回到天宫。他会给你一个只有齐天大圣才能做的新工作。"

孙悟空笑了，"谢谢你，我的朋友。很对不起，我在天宫找了那么多的麻烦！告诉我，这是什么新工作？"

"齐天大圣"，太白金星回答到。

"真的？天宫里有一个叫'齐天大圣'的工作吗？"

"Shì de. Xiāngxìn wǒ. Rúguǒ yǒu wèntí, kěyǐ gēn wǒ shuō."

Sūn Wùkōng tīng dào zhège fēicháng gāoxìng. Suǒyǐ liǎng gè rén yīqǐ huí dào tiāngōng, zhàn zài Yùhuáng Dàdì de bǎozuò miàn qián. Yùhuáng Dàdì shuō: "Ràng Hóu Wáng dào qiánmiàn lái." Sūn Wùkōng lái le. "Suǒyǒu de rén dōu tīng hǎo le. Wǒ xiànzài duì dàjiā shuō, nǐ shì Qí Tiān Dà Shèng. Zhè shì yīgè zuìgāo jíbié de gōngzuò. Zhǐshì bùyào zài zhǎo máfan le!" Sūn Wùkōng fēicháng gāoxìng, tā xièguò le Yùhuáng Dàdì.

Ránhòu Yùhuáng Dàdì gěi le Sūn Wùkōng liǎng píng jiǔ, shí shù huā, hái yǒu yī chuáng zài tiāngōng xiāntáo yuán pángbiān de xīn fángzi. Zhè shì yīgè dà cuò, yīnwèi Sūn Wùkōng xǐhuān chī táozi! Dànshì yǐhòu zàishuō zhège gùshì. Xiànzài měi gèrén dōu hěn gāoxìng. Sūn Wùkōng zuò zài tā de xīn fángzi lǐ, hé tā de péngyǒumen yīqǐ hē le nà liǎng píng jiǔ.

"是的。相信我。如果有问题，可以跟我
说。"

孙悟空听到这个非常高兴。所以两个人一起
回到天宫，站在玉皇大帝的宝座面前。玉皇
大帝说："让猴王到前面来。"孙悟空来了。
"所有的人都听好了。我现在对大家说，你
是齐天大圣。这是一个最高级别的工作。只
是不要再找麻烦了！"孙悟空非常高兴，他
谢过了玉皇大帝。

然后玉皇大帝给了孙悟空两瓶酒，十束[47]花，
还有一幢在天宫仙桃[48]园旁边的新房子。这
是一个大错，因为孙悟空喜欢吃桃子！但是
以后再说这个故事。现在每个人都很高兴。
孙悟空坐在他的新房子里，和他的朋友们一
起喝了那两瓶酒。

---

[47] 束   shù – bundle
[48] 桃   táo – peach

Tiāngōng lǐ de shēnghuó hěn měihǎo, tā zhù zài

tiāngōng lǐ, tā kěyǐ chángshēng bùsǐ, tā yǒu yīgè hǎo

gōngzuò, tā yǒu hěnduō péngyǒu, tā yǒu hěnduō jiǔ

kěyǐ hē. Tā hái néng yǒu shénme wèntí ne?

Hǎo ba, wǒ de háizi, nǐ huì zhīdào, zài shēngmìng de

dà chēlún zhōng, shìqíng shí lái shí qù.

Yīgè rén yǒu yī duàn shíjiān yǒu hěnduō dōngxī,

hòulái zhèxiē dōngxī yòu huì líkāi tā. Yīgè rén juédé

tòngkǔ bùshì yīnwèi zhèxiē dōngxī de líkāi, shì yīn

wéi bùnéng fàngqì zhèxiē dōngxī. Zhè jiùshì

shēnghuó. Hóu Wáng kěnéng xūyào xuéxí zhège, zǒu

xià shēngmìng de chēlún. Yě kěnéng tā bù huì qù

xué. Wǒmen bù zhīdào.

Dàn xiànzài shì shuìjiào de shíhòu le.

Wǎn'ān, wǒ ài nǐ!

天宫里的生活很美好，他住在天宫里，他可以长生不死，他有一个好工作，他有很多朋友，他有很多酒可以喝。他还能有什么问题呢？

好吧，我的孩子，你会知道，在生命的大车轮[49]中，事情时来时去。

一个人有一段时间有很多东西，后来这些东西又会离开他。一个人觉得痛苦[50]不是因为这些东西的离开，是因为不能放弃这些东西。这就是生活。猴王可能需要学习这个，走下生命的车轮。也可能他不会去学。我们不知道。

但现在是睡觉的时候了。

晚安，我爱你！

---

49 轮   lún – wheel
50 痛苦   tòngkǔ – suffering

TROUBLE IN HEAVEN

My dear child, another day has passed, and once again it's bedtime.

Last night I told you the story of Sun Wukong, the Monkey King. This monkey lived a long time ago in Flower Fruit Mountain in the country of Aolai. I told you the story of how he was born, how he became the king of the monkeys, how he learned to be immortal, and how he fought a great monster who wanted to hurt the other monkeys. Tonight I will tell you about his travels to heaven, and the many problems he had there. Sometimes this monkey caused big problems for himself and others!

I hope you haven't forgotten that I told you that the Monkey King had a big fight with a monster. The fight was very long and very difficult. After the fight, the Monkey King knew that he must prepare for war, so he began to teach the other monkeys how to fight.

The monkeys learned how to fight, but one day Sun Wukong thought, "If people want to fight us, we also need good weapons. How can we get them?" Four old monkeys heard this. They came forward and said, "O great King, two hundred miles east of Aolai, across the ocean, is another country. This country has a king with many weapons. If you buy weapons from that king, we will no longer be afraid."

"Good idea," said the Monkey King, "I will go there."

A few years earlier, The Monkey King had learned how to do a cloud somersault to travel very far in a short time. Now he did the cloud somersault and quickly crossed two hundred miles of ocean. He arrived in a large city and saw an armory with a great many weapons. He wanted the weapons, but he had no money so he could not buy them. But this was no problem for the Monkey King! He blew out a big wind. The wind made all the people go inside their homes, and all the stores closed their doors.

When all the people were in their homes, Sun Wukong was alone. He opened the armory doors. He saw many weapons, too many for him to take. No problem! He pulled out some hairs from his head, chewed them, and spat them out. The hairs changed into hundreds of small monkeys. Each monkey picked up some weapons. Then Sun Wukong made another big wind, and all the small monkeys and weapons flew on the wind back to Flower Fruit Mountain.

"My children," said Sun Wukong, "come and get your weapons!" Now all the monkeys had weapons and they were ready for war. Sun Wukong picked up a weapon for himself, but he did not like it. "This is too small for me," he said.

The four old monkeys came forward again and told him, "O great King, below this mountain and under the ocean is the Dragon Palace. The great Dragon King lives there. Ask him to give you a good weapon."

Sun Wukong liked this idea, so he jumped into the water

and swam down to the Dragon Palace to find the Dragon King. The Dragon King came out of his palace to meet him. "High Immortal," said the Dragon King, "welcome to my home. Please come in!"

The Dragon King and the Monkey King drank tea together. Afterwards, the Dragon King asked why Sun Wukong came to the Dragon Palace. "For many years I have studied the Way," said Sun Wukong, "and now I am immortal. I have taught my children how to fight and they all have good weapons. But I still do not have a weapon that I like. I have heard that my neighbor who lives under the ocean can help me."

The Dragon King sat and thought a bit. He was a little bit afraid of Sun Wukong, so he offered him several weapons. Some of the weapons so big that ten men could not lift them. But Sun Wukong said, "all these weapons is too small. Do you have anything else? I can pay you."

Now the Dragon King was really afraid! "I'm sorry," he said, "those are the biggest weapons I have."

The Monkey King became angry. But at that moment, the Dragon King's mother heard this conversation. She said to the Dragon King, "Dear son, here under the ocean there is a huge rod. For the last few days it has been glowing with a beautiful light. Let's just give it to the Monkey King. Maybe he will take it and go home!"

The Dragon King told Sun Wukong, "Here under the

ocean we have a great rod. You can have it. However, it is too big and we cannot move it. Perhaps you can move it."

"Where is it?" said Sun Wukong. "Take me there."

So the Dragon King and Sun Wukong went together to see the great rod. It was twenty feet long and as wide as a big tree. Each end of the rod was wrapped in gold, and in the center was written, 'Golden Hoop Rod'. Sun Wukong said, "This rod is too long and too thick. Change!" Just as he said it, the rod became smaller and only as wide as a rice bowl. Sun Wukong picked it up. Now he liked it. He looked at the rod and said softly, "Still too big. Change!" Now the rod became very, very small. Sun Wukong picked it up and put it inside his ear.

"Thank you, my neighbor," he said to the Dragon King. "I like this rod! Now I just need one more thing. Do you have any good clothes for me?"

"Sorry," the Dragon King replied, "I don't have any clothes for you."

Sun Wukong looked at him and said coldly, "Do you want me to hit you with my golden rod?"

"Wait! Do not raise your hand," cried the Dragon King, "I will find some good clothes for you." The Dragon King called his three brothers, and together they found some good clothes for Sun Wukong, including a beautiful red gold hat and yellow gold armor. They gave these to Sun Wukong. He was happy. He took the clothes and went home. But the Dragon King and his brothers were all very angry, and they sent a letter to the Jade Emperor in Heaven.

When Sun Wukong returned home he sat on his throne and put the golden rod on the ground. All the monkeys tried to pick it up but they could not move it. Sun Wukong laughed and told them the story of how he got the golden rod. The little monkeys laughed and danced, and they all ate food and drank wine until they fell asleep.

Now this is interesting! While Sun Wukong was asleep, he had a dream. In the dream, two men came up to him. They had a piece of paper with the words "Sun Wukong" on it. Not saying a word, the two men took Sun Wukong and dragged him down the road. As they were dragging him, Sun Wukong looked up and saw a sign above him with large letters, "Entering the Land of the Dead".

"What is this?" he cried, "The Land of the Dead is the home of Yama, the King of the Underworld. I am immortal. What am I doing here?" But the two men did not listen to him. Sun Wukong grew angry. He took his golden rod out of his ear and changed it to be as wide as a rice bowl, and he hit the two men hard with it. They let him go, and he ran into the City of the Underworld.

There he saw the ten Kings of the Underworld. The kings saw him but they did not know him, so they said, "Tell us your name!"

"I am Sun Wukong, the Monkey King from Flower Fruit

Mountain," he replied, "You sent two men to drag me down the road. This has made me very angry. Tell me your names right now or I will hit you with my golden rod."

The kings were afraid, and they quickly told him their names. Sun Wukong said, "People call you great kings so you should be intelligent. However, I know that you sent those two men to take me. That was very stupid!"

"High Immortal," they replied, "please do not be angry. Perhaps our men took the wrong person. You know that many people have the same name."

"I don't believe you," said Sun Wukong, "Show me the Books of Life and Death. I want to see for myself if my name is there."

So the kings brought out the books called the Books of Life and Death. These books had the names of all living beings in them – men, monkeys, and animals. Sun Wukong looked in all the books but he could not find his own name. This was because he looked like a man but was not a man, but he was not a monkey either. He was special. Finally he saw a very small book with just one page. He opened it and read this: "Heaven-born stone monkey. Age: three hundred and forty two years. Dies of old age."

Sun Wukong said, "I don't know my age. But it's not a problem. I don't want my name to be in the Books of Life and Death. Bring me a brush and some ink." He used the brush and ink to cross out his own name. But he was not finished. He opened the ledger of monkey names and used the brush and ink to cross out the names of all the monkeys. "Now my name and my friends' names are not in the Books of Life and Death," he said, "and we will live forever." This made the ten Kings of the Underworld very angry, and they also sent a letter to the Jade Emperor in Heaven.

Just after that, Sun Wukong woke up and saw that it was all a dream. He told the four old monkeys about the dream, and how he had removed their names from the Books of Life and Death. When the four old monkeys learned that their names were not in the book, were very happy because they knew they would live forever.

The Monkey King was happy, and so were the other monkeys and all his friends. In Heaven, though, the Jade Emperor was not happy. He had just received two letters. The first letter was from the Dragon King, it told about Sun Wukong's visit to the Dragon Palace and what he did there. The second letter was from the Ten Kings of the Underworld, it told about Sun Wukong's visit to the Underworld and what he did there.

After reading the two letters the Jade Emperor was very angry. He shouted, "Who is this lawless monkey? Where was he born? How did he learn so much, and how did he become so powerful?" Two of his ministers came forward and said, "O Emperor, this monkey is the little stone monkey born of Heaven and Earth that you saw three hundred years ago. At that time he was not strong.

We do not know how he learned so much and became so powerful."

"Well, now he is too powerful and too dangerous. Go and arrest him," said the Jade Emperor.

One of the two ministers, the Gold Star of Venus, stepped forward and said, "O Jade Emperor, you know that all creatures can become immortal if they study. This monkey was born of Heaven and Earth, so of course he could also become immortal. Please do not arrest him. He should come and live to Heaven. Let's invite him here and give him a job."

The Jade Emperor saw that this was good advice. So he told Gold Star to go meet with Sun Wukong and invite him to Heaven. Gold Star went down to Flower Fruit Mountain and said to Sun Wukong, "I am the Gold Star of Venus. The Jade Emperor wants you to come to Heaven and receive a job." Sun Wukong was happy to hear this, and he used his cloud somersault to go up to Heaven.

Sun Wukong traveled very fast and Gold Star could not stay with him, so he arrived at Heaven while Gold Star was still traveling. Nobody in Heaven knew him. When they saw him, they said, "You cannot come in." They stood in front of him, holding their weapons. Sun Wukong thought, "Gold Star did not tell me the truth. He invited me to Heaven. But these people do not want me here."

Just then, Gold Star arrived. "Don't worry, my friend," he said to Sun Wukong, "this is your first time here, of course the people in this place do not know you. That is why they will not let you come in! Now I am here and everything is ok. Later, when you live here and work here, who will stop you from coming and going?"

Then Gold Star said loudly to the people, "Move aside. This person was called by the Jade Emperor himself. Let him come in!" Everyone stepped aside, and Gold Star and Sun Wukong entered the palace. The palace was very beautiful. The palace had thirty three stories, and inside were many valuable jewels. From far away they heard music. In the center of the palace the Jade Emperor was sitting on his throne.

Sun Wukong and Gold Star bowed in front of the Emperor. Gold Star said, "O Emperor, you asked me to bring the immortal monster to you."

"And who is this immortal?" asked the Emperor.

Before Gold Star could speak, Sun Wukong jumped up and said to the Emperor, "None other than this old monkey!"

The ministers all grew angry, but the Emperor said, "This immortal just recently became human. We will forgive him for saying these words."

Then the Emperor asked his ministers what jobs in Heaven were available for Sun Wukong. The ministers said that there were many jobs in Heaven, but almost all of the jobs were already taken. There was only one job: taking care of the Emperor's horses in the stables. Sun Wukong liked horses, so he thought this would be a good job. Right away he went to the stables and started working.

He enjoyed the job, and the horses grew fat and happy. He worked for a couple of weeks. One day he was relaxing with his friends, eating and drinking. He lifted a cup of wine and asked them, "What rank is my job?"

"Your job does not have a rank," they replied.

"If it does not have a rank, it must be the highest job in Heaven!" said Sun Wukong.

"No," they laughed, "Your job has no rank because it is the lowest job in Heaven. You must make the horses fat and happy. Be careful, though, if the horses become thin or sick you will be in big trouble!"

"What?" he cried. "In Flower Fruit Mountain I am a great king. You say that here I am just a servant, feeding horses and working a low rank job? This is not for me." He jumped up and took the golden rod out of his ear. Quickly it grew to the width of a rice bowl. He fought his way out of the stables and through the Gate of Heaven, then did a cloud somersault and returned to Flower Fruit Mountain.

The four old monkeys met him and said, "Great King, you have been in Heaven for ten years. We missed you! Did you enjoy your visit?"

"Ten years? It has only been two weeks," he replied.

"Great King, do you know, a year on Earth is only one day in Heaven. May we ask you what job you had during your time in Heaven?"

"Don't ask me that!" he said. "They gave me a very low rank job, working in the stables. When I found out what rank job it was, I quit and returned back here."

"We are happy that you have returned to us," they replied. "You can stay here in Flower Fruit Mountain and be our king." Then they said to the other monkeys, "Quick, bring wine for the King!"

Now, as they were all sitting and drinking wine, two demons arrived. They were very friendly and they brought gifts for the Monkey King, but they loved to cause trouble. The Monkey King gave them wine, and they all drank wine and talked together for a long time. When the demons heard that Sun Wukong had been to Heaven, they asked what job he had in Heaven. Sun Wukong told them about the stable job. "Oh no," said the demons, "that is not a good job for you. You are a great King, not a stable boy. You should be called Great Sage Equal to Heaven." Sun Wukong loved this name so much, he told the monkeys to make a large flag saying 'The Great Sage Equal to Heaven'.

But while Sun Wukong was chatting with the demons, there was trouble in Heaven. Two weeks earlier the Jade Emperor had been angry because of what the Monkey

King had done on Earth. Now he was even more angry because the Monkey King had quit his job and left Heaven. He told one of his generals to find Sun Wukong, arrest him, and bring him back to Heaven. The general left Heaven and traveled quickly to Flower Fruit Mountain. He stood in front of the cave and called to Sun Wukong, "I have come to arrest you and bring you to Heaven. Come out quickly, or I must come in and kill you!"

Sun Wukong came out, but he did not want to go to Heaven. He was ready to fight. He wore his red gold hat and yellow gold armor, and in his hand he held the golden rod. His eyes glowed like fire, and his voice was like thunder. He said, "Who are you and why are you so stupid to come here like this? Tell me your name now."

"Lawless monkey," said the general, "you don't need to know my name. I have been sent by the Emperor to arrest you and take you back to Heaven. Put down your rod and come with me. If you say even half a 'no', you will be immediately killed."

"You stupid general," said Sun Wukong, "I could kill you right now, but I won't, because I want you to take my words back to the Emperor. Ask the Emperor why he gave me that low rank job taking care of his horses. Do you see this flag? It says 'Great Sage Equal to Heaven'. That is me! If the Emperor gives me this name, I will put down my rod and there will be no trouble. If he does not give me this name, I will fight my way to Heaven and cause so much trouble that the Emperor will not even be able to sit on his throne!"

The general just laughed. He said, "Lawless monkey, you want to be a Great Sage Equal to Heaven? Taste my axe first." Then the general and the Monkey King began to fight. They fought for a long time, the monkey using his golden rod and the general using his axe. Finally, Sun Wukong hit the general's head hard with his rod. The general ran away back to Heaven.

The Emperor sent a different general to Flower Fruit Mountain to fight the Monkey King. Again they fought, and again the Monkey King won the fight. The second general also ran away back to Heaven. He said to the Emperor, "Your servant is so sorry! He went down to Earth to bring the lawless monkey back to Heaven. But he could not do it!"

The Emperor wanted to send more generals to fight the Monkey King, but one of his ministers said, "Fighting this monkey is too difficult! Perhaps we should not fight him. Perhaps we should let him be the Great Sage Equal to Heaven. Give him the job that he wants, but do not give him any money, and do not give him anything to do. Maybe he will be happy and stop causing trouble!" The Emperor agreed and asked Gold Star to go down again to Flower Fruit Mountain to talk with Sun Wukong. This time Gold Star was not welcomed as a friend. This time everyone on Flower Fruit Mountain picked up weapons and began to fight him. "Wait," he shouted, "do not fight! I am here to talk with the Great Sage."

Sun Wukong saw him and said, "Please come in, my friend. Please forgive me for not meeting you when you first arrived."

Gold Star said, "Let me explain. When you first came to Heaven, the Emperor gave you a low rank job because he did not know of your powers. Now we see that you are the Great Sage Equal to Heaven. So the Emperor wants you to return to Heaven. He will give you a new job that only you can perform."

Sun Wukong laughed, "Thank you, my friend. I am sorry that I caused you such problems in Heaven! Tell me, what is this new job?"

"Great Sage Equal to Heaven," Gold Star replied.

"Really? There is a job in Heaven called 'Great Sage Equal to Heaven'?"

"Yes. Trust me. If there is a problem, you can talk to me."

Sun Wukong heard this and was very pleased. So they traveled together back to Heaven and stood before the Jade Emperor on his throne. The Emperor said, "Let the Monkey King come forward." Sun Wukong came forward. "Let all men hear this. I now say to everyone that you are the Great Sage Equal to Heaven. This job is of the highest rank. Just don't cause any more trouble!" Sun Wukong was very happy and thanked the Emperor.

Then the Emperor gave Sun Wukong two bottles of

wine, ten bunches of flowers, and a new house in Heaven next to the Garden of Immortal Peaches. This was a big mistake, because Sun Wukong loved to eat peaches! But that is a story for another time. Right now, everyone was happy. Sun Wukong sat down in his new house, and with his friends together he drank both bottles of wine.

Life was good. He was in Heaven, he was immortal, he had a good job, he had friends, and he had lots of wine to drink. What problems could he have?

Well, my child, you will learn that in the great wheel of life, things come and go. A person has many things for a while, and later those same things will go away. Suffering does not come from those things going away, it comes from holding too tightly to them. This is life. Maybe the Monkey King will learn this and get off the wheel of life. Maybe not. We don't know.

But for now, it's time for you to sleep.

Good night. I love you!

GLOSSARY

These are all the Chinese words used in this book. The boxes in the "New?" column indicate where the word is first used. A blank means that the word is part of HSK 3 or is in common usage. A number means that the word is not in HSK 3, and it indicates the book in the *Journey to the West* series where it first appears.

Note that some new words or phrases, like 爱上 (ài shàng, to fall in love) are composed of characters that are already in HSK 3. These words are generally included in the glossary but are not defined in footnotes in the text.

Chinese	Pinyin	English	New?
爱	ài	love	
奥莱	Àolái	(a country)	1
吧	ba	(suggestion)	
拔	bá	to pull, to pull out	1
把	bǎ	to put	
百	bǎi	hundred	
半	bàn	half	
搬, 搬动	bān, bān dòng	to move	2
办法	bànfǎ	method	
棒	bàng	rod	2
帮, 帮助	bang, bāngzhù	to help	
宝石	bǎoshí	gem	2
宝座	bǎozuò	throne	2
笨	bèn	stupid	1
本	běn	(measure word)	
笔	bǐ	pen	

变	biàn	to change	
别	bié	do not	
必须	bìxū	have to	
不	bù	not	
簿	bù	ledger book	
不会吧	bù huì ba	no way	
不死	bùsǐ	not die, immortal	
才	cái	only	
茶	chá	tea	
场	chǎng	(measure word)	2
长	cháng	long	
长生	chángshēng	longevity	
成	chéng	to turn into	
城市	chéngshì	city	
成为	chéngwéi	become	1
尺	chǐ	a chinese foot	2
吃	chī	to eat	
吃着	chīzhe	eating	
重	chóng	heavy	
出	chū	out	
穿	chuān	to wear	
幢	chuáng	(measure word)	2
穿着	chuānzhuó	wearing	1
吹	chuī	to blow	1
出来	chūlái	to come out	
出生	chūshēng	born	1
次	cì	times	
从	cóng	from	
聪明	cōngmíng	clever	

粗	cū	thick	2
错	cuò	wrong	
大	dà	big	
打	dǎ	to hit	
大打	dà dǎ	big fight	
大喊	dà hǎn	to shout	
大臣	dàchén	minister, court official	2
打斗	dǎdòu	fight	2
带	dài	to take	
戴着	dàizhe	wearing	
大家	dàjiā	everyone	
大将	dàjiàng	general, high ranking officer	2
打开	dǎkāi	to open up	
但，但是	dàn, dànshì	but	
当	dāng	when	
当然	dāngrán	of course	
担心	dānxīn	worry	
到	dào	arrive, to	
道	dào	to say	
到家	dàojiā	arrive home	
大人	dàrén	adult	
大声	dàshēng	loudly	
大王	dàwáng	king	
大仙	dàxiān	High Immortal	
大字	dàzì	big letters	
地	de	ground	
的	de	of	
得	dé	(posessive)	

的时候	de shíhòu	when	
得到	dédào	to get	
的话	dehuà	if	
等	děng	to wait	
低	dī	low	
第二	dì èr	the second	
第一	dì yī	the first	
顶	dǐng	top	1
地上	dìshàng	on the ground	
地狱	dìyù	underworld	1
动	dòng	to move	
东	dōng	east	
动物	dòngwù	animal	
东西	dōngxī	thing	
都	dōu	all	
读	dú	to read	
对	duì	correct, to someone	
对不起	duìbùqǐ	i am sorry	
多	duō	many	
二	èr	two	
耳	ěr	ear	
耳朵	ěrduǒ	ear	
儿子	érzi	son	
发出	fāchū	to send out	
发光	fāguāng	glowing	
饭	fàn	rice	
房	fáng	room	
放	fàng	to put	
放弃	fàngqì	to give up, surrender	2

放下	fàngxià	to put down	
房子	fángzi	house	
饭碗	fànwǎn	rice bowl	
发现	fāxiàn	to find	
飞	fēi	to fly	
非常	fēicháng	very much	
封	fēng	(measure word)	2
风	fēng	wind	
斧头	fǔtóu	ax	2
刚	gāng	just	
告诉	gàosù	to tell	
高兴	gāoxìng	happy	
个	gè	(measure word)	
给	gěi	to give	
根	gēn	(measure word)	2
跟	gēn	with	
更	gèng	more	
宫, 宫殿	gong, gōngdiàn	palace	1
工作	gōngzuò	work	
股	gǔ	(measure word)	2
箍	gū	ring or hoop	
光	guāng	light	1
贵重	guìzhòng	precious	
国, 国家	guó, guójiā	country	
过	guò	past	
过来	guòlái	come	
过去了	guòqù le	passed by	
国王	guówáng	king	
故事	gùshì	story	1

还	hái	also	
海	hǎi	sea	1
害怕	hàipà	afraid	
孩子	háizi	child	
喊	hǎn	to shout	
好	hǎo	good	
好吧	hǎo ba	ok	
和	hé	with	
喝	hē	to drink	
很	hěn	very	
很多	hěnduō	a lot of	
很久	hěnjiǔ	long time	
喝着	hēzhe	drinking	
红色	hóngsè	red	
猴, 猴子	hóu, hóuzi	monkey	1
后	hòu	after, back, behind	
后来	hòulái	later	
划掉	huà diào	to cross out	2
话	huà	speak	
花果山	Huāguǒ Shān	Flower Fruit Mountain	
黄色	huángsè	yellow	
欢迎	huānyíng	welcome	
回	huí	back	
会	huì	to be able	
回到	huí dào	come back	
回答	huídá	reply	
回来	huílái	come back	
火焰	huǒyàn	flame	2
活着	huózhe	alive	

或者	huòzhě	or	
几	jǐ	a few	
家	jiā	home	
件	jiàn	(measure word)	
见	jiàn	to see	
讲	jiǎng	to speak	
见过	jiànguò	seen it	
叫	jiào	to call	
教, 教会	jiào, jiàohuì	to teach	
级别	jíbié	level or rank	2
进	jìn	enter	
金	jīn	gold	
金箍	jīn gū	golden hoops or ring	2
进进出出	jìn jìn chū chū	go in and out	
筋斗云	jīndǒu yún	cloud somersault	1
经历	jīnglì	experience	
进来	jìnlái	come in	
进去	jìnqù	go in	
今天	jīntiān	today	
金星	jīnxīng	Venus	
就	jiù	just	
酒	jiǔ	wine, liquor	
就是	jiùshì	just is	
觉得	juédé	to feel	
鞠躬	jūgōng	to bow down	1
咀嚼	jǔjué	to chew	1
开始	kāishǐ	start	
看	kàn	to look	
看起来	kàn qǐlái	looks like	

看见	kànjiàn	to see	
看着	kànzhe	to look at	
可能	kěnéng	may	
可怕	kěpà	frightening	1
可以	kěyǐ	can	
库	kù	warehouse	2
哭	kū	to cry	
快	kuài	fast	
盔甲	kuījiǎ	armor	2
来	lái	to come	
老	lǎo	old	
老死	lǎosǐ	die of old age	
了	le	(indicates completion)	
乐	lè	fun	
雷声	léi shēng	thunder	1
冷	lěng	cold	
里	lǐ	in	
两	liǎng	two	
离开	líkāi	go away	
里面	lǐmiàn	inside	
另	lìng	another	
邻居	línjū	neighbor	
留	liú	to stay	
礼物	lǐwù	gift	
龙	lóng	dragon	2
龙王	Lóng Wáng	Dragon King	
轮	lún	wheel	2
路上	lùshàng	on the road	
吗	ma	(question)	

马	mǎ	horse	
麻烦	máfan	trouble	1
买	mǎi	to buy	
妈妈	māmā	mother	
毛笔	máobǐ	writing brush	2
帽子	màozi	hat	
马上	mǎshàng	immediately	
每	měi	every	
没	méi	not	
没问题	méi wèntí	no problem	
没关系	méiguānxì	it's ok	
美好	měihǎo	beautiful	
美丽	měilì	beautiful	
没有	méiyǒu	don't have	
们	men	(plural)	
门	mén	door	
梦	mèng	dream	2
面	miàn	side	
面前	miànqián	before	
名字	míngzì	name	
墨	mò	ink	2
拿	ná	to take	
那	nà	that	
那次	nà cì	that time	
拿起来	ná qǐlái	pick up	
那时候	nà shíhòu	at that time	
那个	nàgè	that one	
那里	nàlǐ	there	
哪里	nǎlǐ	where	

那么	nàme	so then	
难	nán	difficult	
那样	nàyàng	that way	
拿着	názhe	holding it	
呢	ne	(particle)	
能	néng	can	
你	nǐ	you	
年	nián	year	
年龄	niánlíng	age	
您	nín	you (respectful)	
怕	pà	afraid	
牌子	páizi	sign	2
胖	pàng	fat	
旁边	pángbiān	next to	
跑	pǎo	to run	1
朋友	péngyǒu	friend	
漂亮	piàoliang	beautiful	
瓶	píng	bottle	
其	qí	its	
起	qǐ	from	
<u>齐天大圣</u>	Qí Tiān Dà Shèng	Great Sage Equal to Heaven	2
前	qián	before	
钱	qián	money	
强大	qiángdà	powerful	2
前面	qiánmiàn	front	
起来	qǐlái	stand up	
亲爱	qīn'ài	dear	
请	qǐng	please	
轻声	qīng shēng	speak softly	

请问	qǐngwèn	excuse me	
其他	qítā	other	
旗子	qízi	flag	2
去	qù	to go	
去过	qùguò	have been to	
让	ràng	to let	
然后	ránhòu	then	
人	rén	people	
人间	rénjiān	human world	
认识	rènshì	to know someone	
认为	rènwéi	to think	
如果	rúguǒ	If	
三	sān	three	
杀	shā	to kill	
山洞	shāndòng	cave	1
上	shàng	on, up	
商店	shāngdiàn	store	
伤害	shānghài	to hurt	2
上面	shàngmiàn	above	
山	shān	mountain	
谁	shéi	who	
圣	shèng	sage	
声	shēng	sound	
生病	shēngbìng	sick	
生活	shēnghuó	life	
生命	shēngmìng	life	
生气	shēngqì	angry	
生死簿	Shēngsǐ Bù	the Book of Life and Death	2
生物	shēngwù	living beings	2

什么	shénme	what	
十	shí	ten	
时	shí	time	
石	shí	stone	1
事	shì	thing	
是	shì	is, yes	
试	shì	to taste, to try	
是不是	shì bùshì	is or is not?	
是的	shì de	yes, it is	
时来时去	shí lái shí qù	come and go	
时候	shíhòu	time	
时间	shíjiān	time	
事情	shìqíng	thing	
手	shǒu	hand	
瘦	shòu	thin	
束	shù	bundle	22
树	shù	tree	
书	shū	book	
水	shuǐ	water	
睡觉	shuìjiào	to sleep	
睡着	shuìzhào	asleep	
说	shuō	to say	
说话	shuōhuà	to speak	
四	sì	four	
死	sǐ	dead	
送	sòng	to give a gift	
孙悟空	Sūn Wùkōng	(a name)	1
所以	suǒyǐ	so, therefore	
所有	suǒyǒu	all	1

他	tā	he, him	
她	tā	she, her	
它	tā	It	
太	tài	too	
太多了	tài duōle	too much	
太白金星	Tàibái Jīnxīng	Bright Star of Venus (name)	2
桃	táo	peach	2
特别	tèbié	special	
天	tiān	day	
天上	tiān shàng	heaven	1
天地	tiāndì	heaven and earth	
天宫	tiāngōng	palace of heaven	
跳	tiào	to jump	
跳起来	tiào qǐlái	to jump up	
跳着	tiàozhe	dancing	
听	tīng	to listen	
听到	tīng dào	to hear	
听说	tīng shuō	heard	
痛苦	tòngkǔ	suffering	2
同意	tóngyì	to agree	
头	tóu	head	
头发	tóufǎ	hair	
吐	tǔ	to spit out	1
拖	tuō	to drag	2
外	wài	outside	
完	wán	finish	
碗	wǎn	bowl	
晚安	wǎn'ān	good night	
王	wáng	king	

忘记	wàngjì	forget	
晚上	wǎnshàng	evening	
为	wèi	for	
位	wèi	(measure word)	
为什么	wèishéme	why	
问	wèn	to ask	
问题	wèntí	problem	
我	wǒ	I, me	
无法无天	wúfǎwútiān	lawless	1
武器	wǔqì	weapon	2
下	xià	under, down	
下面	xiàmiàn	below	
仙	xiān	immortal, celestial being	
先	xiān	first	
像	xiàng	resemble	
想	xiǎng	think, miss you	
想到	xiǎngdào	to think	
向上	xiàngshàng	upwards	
相信	xiāngxìn	to believe, to trust	
现在	xiànzài	just now	
笑	xiào	to laugh	
小	xiǎo	small	
小心	xiǎoxīn	be careful	
笑着	xiàozhe	smiling	
写	xiě	to write	
谢谢	xiè xiè	thank you	
写着	xiězhe	written	
喜欢	xǐhuān	to like	
信	xìn	letter	2

新	xīn	new	
醒	xǐng	to awaken	
星期	xīngqí	week	
兄弟	xiōngdì	brother	
选	xuǎn	to select	
学，学习	xué, xuéxí	to learn	
学会	xuéhuì	to learn	
需要	xūyào	to need	
养	yǎng	to support	
眼睛	yǎnjīng	eye	
阎罗王	Yánluó Wáng	King of the Underworld	1
要	yào	to want	
妖仙	yāo xiān	immortal demon	
妖怪	yāoguài	monster	1
页	yè	page	2
也	yě	also	
一	yī	one	
以后	yǐ hòu	after	
一下	yī xià	a short, quick action	
一杯	yībēi	cup	
一次	yīcì	once	
衣服	yīfú	clothes	
已经	yǐjīng	already	
一块	yīkuài	piece	
一路	yīlù	throughout a journey	
一面	yīmiàn	one side	
赢	yíng	to win	1
应该	yīnggāi	should	

因为	yīnwèi	because	
音乐	yīnyuè	music	
一起	yīqǐ	together	
以前	yǐqián	before	
一天	yītiān	one day	
一些	yīxiē	some	
一样	yīyàng	same	
一直	yīzhí	always	
用	yòng	to use	
游	yóu	to swim	
又	yòu	also	
有	yǒu	to have	
有没有	yǒu méiyǒu	have or don't have	
有一天	yǒu yītiān	one day	
有点	yǒudiǎn	a little bit	
友好	yǒuhǎo	friendly	2
幽冥界	Yōumíng Jiè	The Underworld, Land of the Dead	2
有人	yǒurén	someone	
有意思	yǒuyìsi	Interesting	
玉皇大帝	Yùhuáng Dàdì	Jade Emperor	1
园	yuán	garden	
远	yuǎn	far	
原谅	yuánliàng	to forgive	2
云	yún	cloud	
再	zài	again	
在	zài	in	
再次	zàicì	once again	
怎么	zěnme	how	

站	zhàn	to stand	
战斗	zhàndòu	fighting	2
张	zhāng	(measure word)	
找	zhǎo	to find	
照顾	zhàogù	to care for	
这	zhè	this	
这次	zhè cì	this time	
这一次	zhè yīcì	this time	
这里	zhèlǐ	here	
这么	zhème	so	
真的	zhēn de	really	
正在	zhèngzài	(-ing)	
真相	zhēnxiàng	the truth	1
这些	zhèxiē	these	
这样	zhèyàng	such	
只	zhǐ	only, (measure word)	
纸	zhǐ	paper	
支	zhī	(measure word)	2
直到	zhídào	until	
知道	zhīdào	to know	
只是	zhǐshì	just	
只有	zhǐyǒu	only	
种	zhǒng	species	
中	zhōng	in	
中间	zhōngjiān	in the middle	
住	zhù	to live	
抓	zhuā	to grab, to arrest	2
抓起来	zhuā qǐlái	catch up	
准备	zhǔnbèi	to prepare	

主意	zhǔyì	idea	2
字	zì	written character	
自己	zìjǐ	oneself	
走	zǒu	to go	
走向	zǒuxiàng	to the direction	
最大	zuìdà	largest	
最低	zuìdī	lowest	
最高	zuìgāo	highest	
最后	zuìhòu	at last, final	
做	zuò	to do	
坐	zuò	to sit	
昨天	zuótiān	yesterday	

ABOUT THE AUTHORS

Jeff Pepper has worked for thirty years in the computer software business, where he has started and led several successful tech companies, authored two software related books, and was awarded three U.S. software patents. In 2017 he started Imagin8 Press to serve English-speaking students of Chinese.

Xiao Hui Wang is a native Chinese speaker born in China. She came to the United States for studies in biomedical neuroscience and medical imaging, and has more than 25 years of experience in academic and clinical research. She has been teaching Chinese for more than 10 years, with extensive experience in translation English to Chinese as well as Chinese to English.

72960581R00060

Made in the USA
San Bernardino, CA
30 March 2018